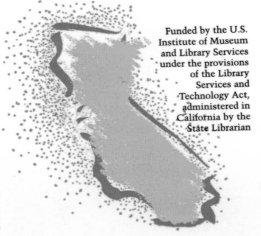

Purchased with a
GLOBAL LANGUAGES
MATERIALS GRANT

from the California State Library

Funded by the U.S.
Institute of Museum
and Library Services
under the provisions
of the Library
Services and
Technology Act,
administered in
California by the
State Librarian

CALIFORNIA
STATE LIBRARY
FOUNDED 1850

Isaac Asimov

Siglo XXI

Biblioteca del universo

El Sistema Solar

Marte

DE ISAAC ASIMOV

REVISADO Y ACTUALIZADO POR RICHARD HANTULA

Gareth Stevens Publishing
UNA COMPAÑÍA DEL WORLD ALMANAC EDUCATION GROUP

Please visit our web site at: **www.garethstevens.com**
For a free color catalog describing Gareth Stevens Publishing's list of high-quality
books and multimedia programs, call 1-800-542-2595 (USA) or 1-800-387-3178 (Canada).
Gareth Stevens Publishing's fax: (414) 332-3567.

Library of Congress Cataloging-in-Publication Data

Asimov, Isaac.
   [Mars. Spanish]
     Marte / de Isaac Asimov; revisado y actualizado por Richard Hantula.
        p. cm. — (Isaac Asimov biblioteca del universo del siglo XXI. El sisteme solar)
     Summary: A description of Mars, the fourth planet from our sun, which includes
information on the controversy over possible life on Mars, on the planet's moons,
and on space probes and spacecraft which have studied it.
     Includes bibliographical references and index.
     ISBN 0-8368-3856-4 (lib. bdg.)
     ISBN 0-8368-3869-6 (softcover)
     1. Mars (Planet)—Juvenile literature. [1. Mars (Planet). 2. Spanish language materials.]
   I. Hantula, Richard. II. Title.
   QB641.A755l8   2003
   523.43—dc21   2003050690

This edition first published in 2004 by
Gareth Stevens Publishing
A World Almanac Education Group Company
330 West Olive Street, Suite 100
Milwaukee, WI 53212 USA

Series editor: Betsy Rasmussen
Cover design and layout adaptation: Melissa Valuch
Picture research: Kathy Keller
Additional picture research: Diane Laska-Swanke
Artwork commissioning: Kathy Keller and Laurie Shock
Translation: Carlos Porras and Patricia D'Andrea
Production director: Susan Ashley

The editors at Gareth Stevens Publishing have selected science author Richard Hantula to bring
this classic series of young people's information books up to date. Richard Hantula has written
and edited books and articles on science and technology for more than two decades. He was
the senior U.S. editor for the *Macmillan Encyclopedia of Science.*

In addition to Hantula's contribution to this most recent edition, the editors would like to
acknowledge the participation of two noted science authors, Greg Walz-Chojnacki and
Francis Reddy, as contributors to earlier editions of this work.

Printed in the United States of America

1 2 3 4 5 6 7 8 9 07 06 05 04 03

Contenido

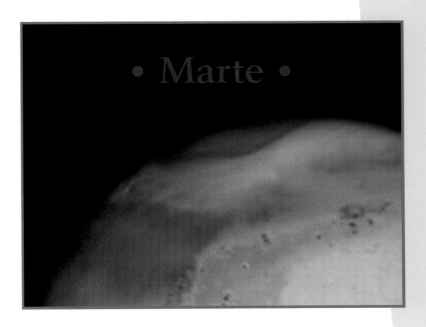

• Marte •

Vivimos en un lugar enormemente grande: el universo. Es muy natural que hayamos querido entender este lugar, así que los científicos y los ingenieros han desarrollado instrumentos y naves espaciales que nos han contado sobre el universo mucho más de lo que hubiéramos podido imaginar.

Hemos visto planetas de cerca, e incluso sobre algunos han aterrizado naves espaciales. Hemos aprendido sobre los quásares y los púlsares, las supernovas y las galaxias que chocan, y los agujeros negros y la materia oscura. Hemos reunido datos asombrosos sobre cómo puede haberse originado el universo y sobre cómo puede terminar. Nada podría ser más sorprendente.

Hace miles de años, la gente observaba el cielo y se daba cuenta de que muchas estrellas brillantes cambiaban de lugar noche tras noche. Los antiguos griegos las llamaban «estrellas errantes». Nuestra palabra «planeta» proviene de la palabra griega que significa errante. Uno de esos planetas es de color rojizo, casi color sangre, y se le dio el nombre de Marte, antiguo dios romano de la guerra. Los científicos han descubierto muchas cosas fascinantes acerca del planeta Marte.

¿Hay vida en Marte?

Si partimos de la Tierra en dirección al Sol, el primer planeta que vemos es Marte. Sabemos bastante de nuestro vecino. Sabemos que Marte es más pequeño que la Tierra. Marte mide la mitad del ancho de la Tierra, y tiene sólo un poco más de $1/10$ de la masa de la Tierra. Marte gira, o rota, una vez cada $24 \, 1/2$ horas. Su eje está inclinado, así que tiene estaciones como la Tierra. Pero Marte es más frío que la Tierra porque está más lejos del Sol. Tiene capas de hielo en los dos polos. De todos los planetas del Sistema Solar, Marte es, de algún modo, el más parecido a la Tierra. En el pasado, la gente se preguntaba si existirían o no seres vivos en Marte. De ser así, ¿cómo serían? Este era el gran misterio de Marte.

Las computadoras combinaron muchas imágenes de la sonda espacial *Viking Orbiter* para crear esta vista de Marte tal como se ve desde la ventana de una nave espacial a 1,500 millas (2,500 km) del planeta rojo. Cerca del centro se encuentra el cráter Schiaparelli, que tiene unas 280 millas (450 km) de ancho. En la parte inferior derecha, el hielo cubre los cráteres y enturbia el paisaje.

La ilustración de un artista de la nave espacial *Mars Odyssey* encendiendo sus motores al llegar a Marte, en octubre de 2001.

Canales marcianos

Sabemos que a los seres vivos les resultaría difícil sobrevivir en Marte. Los primeros astrónomos pudieron decir que Marte tenía solamente una atmósfera delgada, muy poca agua, y que, probablemente, lo constituía solamente un gran desierto. Sin embargo, en 1877, sobre la superficie de Marte se observaron angostas marcas oscuras. Las estudió el astrónomo estadounidense Percival Lowell quien pensó que eran canales excavados por marcianos inteligentes para llevar agua desde los casquetes de hielo de los polos hasta las zonas desiertas del resto del planeta. Lowell escribió varios libros sobre el tema y, durante algún tiempo, mucha gente estuvo segura de que existía vida inteligente en Marte.

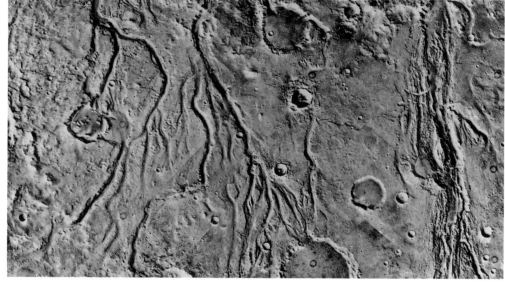

Derecha: Estos canales sobre la superficie de Marte los puede haber excavado el agua hace mucho. Sin embargo, no son los mismos que observó Lowell, que podrían haber sido ilusiones ópticas.

¡Llamando a todos los marcianos!

Una vez la gente estuvo tan segura de que en Marte existían seres inteligentes, que se inventaron formas de enviar mensajes hasta allí. Un científico sugirió que se cavaran triángulos y cuadrados inmensos en Siberia, se llenaran con combustible, y se encendieran por la noche. La idea era que los marcianos vieran estos fuegos y, así, podrían organizar algo para que los viéramos nosotros. En 1938, el actor Orson Welles presentó en la radio una obra de ficción en la que se decía que los marcianos iban a invadir Nueva Jersey. Asustó a cientos de oyentes que tomaron sus automóviles y se alejaron para escapar de los marcianos, que en realidad no existían.

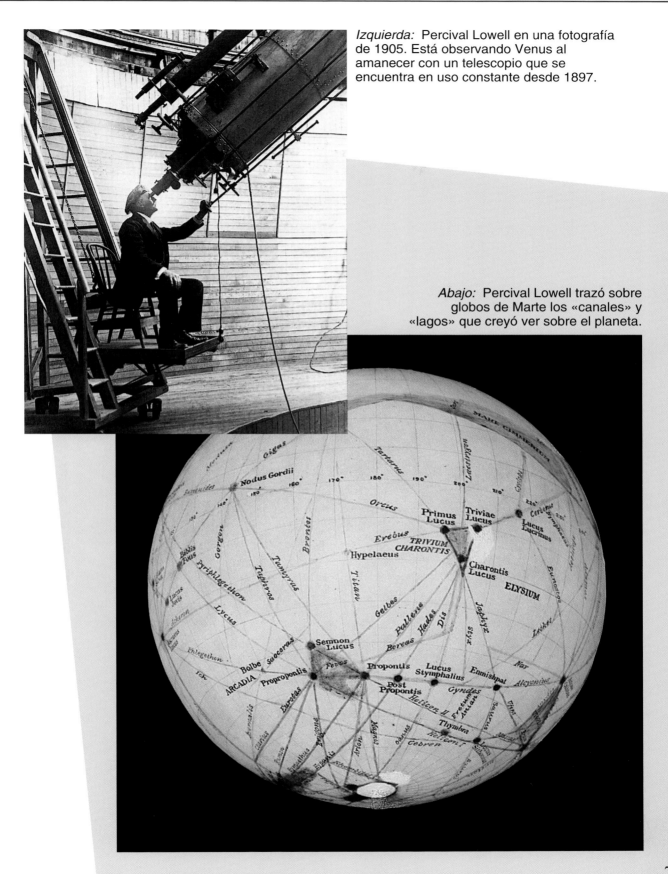

Izquierda: Percival Lowell en una fotografía de 1905. Está observando Venus al amanecer con un telescopio que se encuentra en uso constante desde 1897.

Abajo: Percival Lowell trazó sobre globos de Marte los «canales» y «lagos» que creyó ver sobre el planeta.

Cuando la sonda espacial *Mariner 4* pasó por Marte, su cámara de televisión tomó fotos. Estas fotos se guardaron en una cinta y se radiaron a la Tierra. Llevó cerca de 8 horas reconstruir cada imagen a partir de la transmisión de radio. La transmisión total duró más de 7 días.

Un mundo sin vida

Durante muchos años, la gente se preguntó acerca de la posibilidad de vida en Marte. Cuando los científicos enviaron cohetes a Marte, pareció que finalmente obtendríamos alguna respuesta. En 1964, se envió a Marte la sonda *Mariner 4.* En julio de 1965, esta sonda pasó a 6,000 millas (9,600 km) del planeta y tomó 19 fotografías en primer plano que se radiaron a la Tierra. Éstas mostraron que en Marte había cráteres parecidos a los de la Luna. Se descubrió que la atmósfera de Marte tiene sólo $1/100$ parte del espesor de la de la Tierra. No se encontraron señales de canales. Marte parecía ser un mundo sin vida.

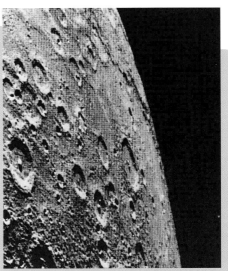

Arriba: La región sur de Marte parecida a la Luna. El planeta rojo parece árido, pero muchos científicos todavía están buscando allí pruebas de vida.

Otra mirada

En 1971 llegó a Marte otra sonda, la *Mariner 9*. Entró en órbita alrededor de Marte y tomó varias fotografías. Trazó mapas de casi todo el planeta y no encontró canales. Las fotos mostraron que las líneas rectas y oscuras que se creían canales eran sólo ilusiones. Las fotos también mostraron muchos cráteres y zonas planas con volcanes extinguidos. Uno de estos volcanes, Olympus Mons, era mucho más grande que cualquier volcán de la Tierra. Las imágenes muestran, también, un inmenso cañón llamado Valles Marineris, que era mucho más grande que nuestro Gran Cañón. La superficie de Marte dio muestras de ser mucho más interesante que la de la Luna.

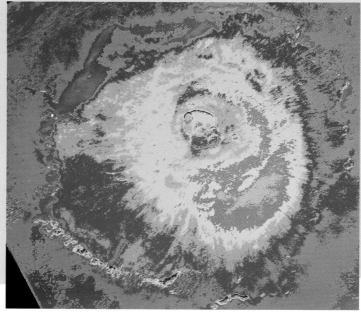

Derecha: Olympus Mons, el volcán extinguido más grande de Marte, es el volcán más grande que se conoce en el Sistema Solar. Esta imagen en color falso la tomó una sonda *Viking*.

Marte: engañando a los expertos

¿Por qué Percival Lowell vio canales en Marte si no había nada que ver? Era un buen astrónomo y tenía excelentes telescopios. Trabajaba en la zona alta de Arizona, donde el aire era muy claro. Es posible que apenas pudiera ver pequeñas manchas oscuras sobre Marte. Sus ojos, que no sabían qué hacer con esas manchas, las vieron como líneas rectas. Durante un experimento científico, unos niños observaron círculos distantes con pequeñas manchas oscuras. Los niños vieron líneas rectas, una ilusión óptica. Puede ser que esto mismo le hubiera sucedido a Lowell.

Marte es famoso por sus tormentas de polvo. En esta imagen observamos cómo sería una tormenta de polvo desde el fondo de Valles Marineris.

Arriba: Con más de 2,500 millas (4,000 km) de longitud y hasta 5 millas (8 km) de profundidad, el Valles Marineris empequeñece a cualquier cañón que exista sobre la Tierra. Todo el Gran Cañón de la Tierra entraría por completo en la pequeña marca rectangular que se encuentra en la fotografía. Los tres puntos oscuros son volcanes marcianos. El cráter del volcán inferior, que se llama Arsia Mons, está cubierto de niebla.

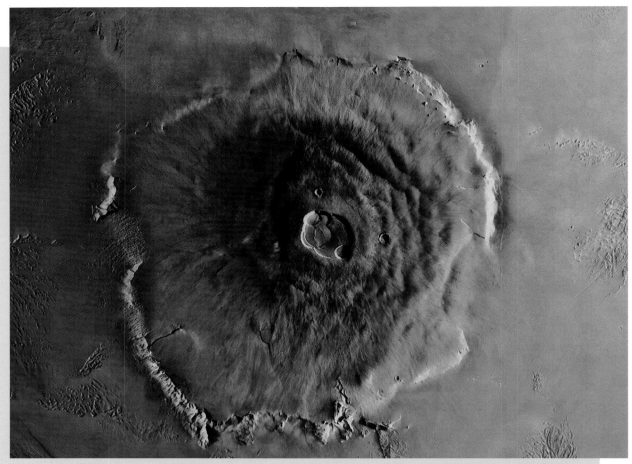

Arriba: El volcán extinguido Olympus Mons mide, en la base, más de 300 millas (500 km) de ancho. Tiene una altura aproximada de 16 millas (25 km), casi 3 veces más alto que la montaña más alta de la Tierra.

Izquierda: La hilera de atrás muestra picos montañosos de Marte. El Olympus Mons (*atrás, a la derecha*) mide 82,000 pies (25,000 metros) de altura. La hilera central de montañas (*de izquierda a derecha*) corresponden al monte Everest (29,035 pies/8,850 metros), al monte Rainier (14,410 pies/4,392 metros) y al Mont Blanc (15,771 pies/4,807 metros), de la Tierra. En la hilera del frente se ve el monte Fují (12,388 pies/3,776 metros) y el monte Santa Elena (8,365 pies/2,550 metros), de la Tierra.

Explorar Marte

En 1976 dos sondas enviadas a Marte, la *Viking 1* y la *Viking 2*, colocaron con éxito módulos de aterrizaje en la superficie marciana. Una parte de la misión era analizar la atmósfera del planeta rojo. Se descubrió que está compuesta en un 95 % por dióxido de carbono, y, del resto, la mayor parte es nitrógeno y argón. Esto significa que la atmósfera marciana casi no contiene oxígeno. Más aún, la superficie de Marte es, por lo general, tan fría como la de la Antártida o más fría, de modo que en Marte cualquier porción de agua debe de estar congelada.

Arriba: Un modelo del módulo de aterrizaje *Viking.* El soporte frontal de este modelo descansa sobre una roca, del mismo modo que el módulo de aterrizaje verdadero lo hizo en Marte. Como resultado, las cámaras del módulo de aterrizaje mostraron el horizonte marciano inclinado. En realidad, está casi perfectamente a nivel.

Más marcas extrañas

Las sondas espaciales han descubierto extrañas marcas en Marte. Éstas parecen canales de ríos secos que corren retorcidos por la superficie como lo harían los ríos reales. Los canales más pequeños corren hacia otros más grandes, del mismo modo que los ríos pequeños fluyen hacia los más grandes en la Tierra.

Es probable que en algún momento Marte haya tenido agua que formaba ríos y quizá lagos. También parece probable que aún exista agua en Marte y que se encuentre congelada debajo de la superficie. Si Marte tuvo agua alguna vez, ¿era más densa la atmósfera en ese entonces y existía vida? Los científicos no lo saben.

Lunas marcianas. Deimos (arriba) describe una órbita alrededor de Marte en alrededor de 30 horas. Fobos (abajo) describe una órbita alrededor de Marte en alrededor de 7 horas 40 minutos.

Arriba: Se combinaron imágenes tomadas por la sonda *Viking 1* para lograr esta imagen de Fobos. Los cráteres fueron provocados probablemente por el impacto de restos espaciales.

Lunas capturadas

Marte tiene dos lunas pequeñas, o satélites, llamadas Fobos y Deimos. Pueden ser asteroides capturados, asteroides que alguna vez pasaron cerca de Marte y a los que puso en órbita el campo gravitatorio de Marte. No son grandes esferas como nuestra propia Luna. Desde la Tierra, las lunas se ven como dos puntos de luz tenues, pero las sondas las han mostrado con más claridad. Tienen forma de papas y están cubiertas de cráteres. En sus puntos más largos, Fobos mide 17 millas (27 km) de ancho y Deimos tan sólo 9 millas (15 km) de ancho. Estos satélites no se descubrieron hasta el año 1877 debido a su pequeño tamaño y a su cercanía a Marte. Sucedió mucho tiempo después de que se descubrieron los satélites de Júpiter y de Saturno, más lejanos pero más grandes.

Derecha: Interpretación artística de la misión soviética *Phobos* en 1989. Uno de los objetivos de la misión era lanzar un módulo de aterrizaje sobre Fobos para trazar mapas de su superficie y el terreno subterráneo, y para estudiar la composición de esta luna.

Si no tienes éxito en el primer intento...

Las lunas marcianas las descubrió un astrónomo estadounidense llamado Asaph Hall. En 1877, noche tras noche miraba con su telescopio el espacio cercano a Marte, y no podía hallar nada. Finalmente, decidió que era inútil. Le comentó a su esposa, cuyo nombre de soltera era Stickney, que se rendía. Su esposa le dijo: "Prueba una noche más". Así lo hizo y encontró las lunas. Hoy el cráter más grande de la luna Fobos se llama Stickney, en honor a la mujer que estimuló a Hall para que no renunciara.

De vuelta a Marte

La exploración de Marte con naves espaciales comenzó a principios de la década de 1960. Se enviaron muchas misiones, pero la mayoría fracasó, algunas de ellas ni siquiera pudieron abandonar, o incluso alcanzar, la órbita de la Tierra. Algunos triunfos sensacionales, como los de las misiones *Mariner 9* y las dos *Viking* dieron como resultado decenas de miles de imágenes. Después de las *Viking* no se enviaron misiones a Marte por más de una década.

Los humanos reiniciaron sus esfuerzos por alcanzar Marte al final de la década de los ochenta, pero las primeras misiones exitosas no llegaron a ese planeta hasta unas dos décadas después de las *Viking*. Una de esas misiones fue la *Mars Pathfinder*, que aterrizó en la su-perficie el 4 de julio de 1997. Soltó un vehículo robot ambulante, llamado *Sojourner* que realizó algunos estudios geológicos. La misión también produjo imágenes notables. La sonda *Mars Global Surveyor* destinada a realizar trabajos de trazado de mapas, fue otro éxito. En realidad, había sido lanzada un mes antes que la *Pathfinder*, pero no entró en órbita alrededor de Marte hasta septiembre de 1997. Sus hallazgos incluyeron pruebas de que una inundación enorme había arrasado una zona de Marte hace apenas 10 millones de años.

Una sensacional vista panorámica que produjo la *Pathfinder*.

Arriba: Una imagen de la NASA del vehículo *Sojourner* que fue parte de la misión *Pathfinder*.

Mars Global Surveyor.

Derecha: Esta roca se llama Yogui, porque a los astrónomos les recordó un oso grande y amigable, como los dibujos animados del oso Yogui.

Tarjeta de registros de las misiones a Marte que tuvieron éxito en llegar más allá de la órbita de la Tierra. Hasta el momento, la exploración del planeta rojo ha tenido resultados diversos.

Sonda	Lanzada	País*	Resumen de la misión
Mars 1	1962	U.R.S.S.	Fracaso: La sonda falló antes de llegar a Marte.
Mariner 3	1964	EE.UU.	Fracaso: Las baterías se agotaron poco después del lanzamiento.
Mariner 4	1964	EE.UU.	¡Éxito! Acercamiento a Marte.
Zond 2	1964	U.R.S.S.	Fracaso: La radio falló. La sonda se pasó de Marte.
Mariner 6	1969	EE.UU.	¡Éxito! Acercamiento a Marte.
Mariner 7	1969	EE.UU.	¡Éxito! Acercamiento a Marte.
Mariner 8	1971	EE.UU.	Fracaso: El impulsor falló. Nunca alcanzó la órbita.
Mariner 9	1971	EE.UU.	¡Éxito!: El primero en orbitar Marte. Primeras imágenes en primer plano de las lunas de Marte.
Mars 2	1971	U.R.S.S.	Fracaso: El módulo de aterrizaje se estrelló contra Marte.
Mars 3	1971	U.R.S.S.	Fracaso: La sonda aterrizó en Marte pero dejó de enviar señales después de 90 segundos.
Mars 4	1973	U.R.S.S.	Fracaso: Llegó a Marte pero no pudo entrar en órbita.
Mars 5	1973	U.R.S.S.	¡Éxito! Devolvió imágenes parecidas a las de la *Mariner 9*.
Mars 6	1973	U.R.S.S.	Fracaso: El módulo de aterrizaje se estrelló.
Mars 7	1973	U.R.S.S.	Fracaso: El módulo de aterrizaje erró el camino a Marte.
Viking 1	1975	EE.UU.	¡Éxito! Primeras imágenes de la superficie marciana. Análisis químico del suelo. Búsqueda de vida.
Viking 2	1975	EE.UU.	¡Éxito! Primera detección de un terremoto en Marte. Misión parecida a la del *Viking 1*.
Phobos 1	1988	U.R.S.S.	Fracaso: Primer intento de aterrizaje de sondas en la luna marciana Fobos. La sonda falló antes de llegar a Marte.
Phobos 2	1988	U.R.S.S.	Fracaso: Las señales se detuvieron una semana antes de aterrizar en Fobos.
Mars Observer	1992	EE.UU.	Fracaso: Se perdió el contacto justo antes de alcanzar la órbita de Marte.
Mars Global Surveyor	1996	EE.UU.	¡Éxito! Orbitador, misión científica de trazado de mapas.
Mars Pathfinder	1996	EE.UU.	¡Éxito! Módulo de aterrizaje con vehículo explorador que exploró la zona que rodea el lugar de aterrizaje.
Nozomi (Planet-B)	1998	Japón	Incierto: Llegada diferida para el 2004 por problemas de propulsión.
Mars Climate Orbiter	1998	EE.UU.	Fracaso: El orbitador se perdió al llegar.
Mars Polar Lander/Deep Space 2	1999	EE.UU.	Fracaso: El orbitador y la sonda de descenso se perdieron al llegar.
Mars Odyssey	2001	EE.UU.	¡Éxito! Orbitador, misión científica de trazado de mapas.

*«U.R.S.S.» se refiere a la ex Unión Soviética.

Vida marciana: ¿hallada en la Tierra?

Aunque las sondas espaciales nos han enviado sorprendentes datos e imágenes de Marte desde 1960, fracasaron en encontrar pruebas de vida en el planeta rojo. También fracasaron en desmentir absolutamente que allí existía vida, y algunos científicos todavía se preguntan si podría yacer escondida debajo de la superficie marciana algún tipo de vida, como pequeños microorganismos del tipo de las bacterias de la Tierra. Debajo de la superficie podrían existir mejores condiciones para la vida, como la existencia de agua y de temperaturas más cálidas. No será posible averiguarlo en forma segura hasta que, algún día, la gente viaje de verdad a Marte.

Mientras tanto, se ha encontrado en la Tierra un indicio de que puede haber existido alguna vez vida en Marte. En la Tierra se conocen alrededor de una docena de meteoritos provenientes de Marte. Probablemente los hicieron salir disparados de Marte impactos de meteoritos grandes. En 1996, los científicos descubrieron que uno de los meteoritos marcianos, de cuatro mil millones de años de antigüedad, contiene estructuras pequeñas que se parecen a los fósiles que dejaron en la Tierra los antiguos microorganismos diminutos. No se pudo comprobar que las estructuras del meteorito estuvieran verdaderamente compuestas de microorganismos, pero el hallazgo alimentó una nueva discusión sobre la vida en Marte.

Izquierda: Primer plano de meteoritos con supuestas pruebas de vida.

Derecha: Imagen de la NASA del meteorito marciano clave (Meteorito marciano ALH84001).

Arriba: Una misión que transporta personas pasa junto a Fobos en su ruta a Marte. La órbita de Fobos se encuentra a unas 6,000 millas (9,600 km) de la superficie del planeta rojo.

Para los exploradores instalados en Fobos, Marte surgiría grande y rojo.

Colonias futuristas

No será una tarea fácil enviar personas a Marte en una nave espacial. La misión podría tardar casi dos años en volver a la Tierra. Si la gente viaja algún día a Marte, podrían construir colonias.

Podemos imaginar colonias en la Luna, ya que está solamente a tres días de viaje en una nave espacial de la Tierra. Marte está mucho más lejos, pero de alguna manera, sería un mundo más fácil de vivir que en la Luna. Marte tiene una fuerza gravitacional que es $2/5$ de la de la Tierra, mientras que la de la Luna es tan sólo $1/6$ comparada con la de la Tierra. Marte tiene una atmósfera delgada que puede proteger un poco a la gente de los meteoros y de la radiación, pero la Luna no la tiene. Debajo de la superficie de Marte parece haber agua, debajo de la Luna, no. En Marte podrían construirse ciudades subterráneas, o, quizá, debajo de cúpulas sobre la superficie del planeta.

Arriba: Una colonia en Marte tendría un entorno artificial –dentro de edificios, trajes espaciales y vehículos– que adaptaría la atmósfera marciana para los seres humanos. Sería bastante fácil aterrizar en la colonia, y el lugar de lanzamiento de las naves permitiría que las personas también partieran del lugar.

Objetos de exploración

Una vez establecidas las colonias en Marte, pueden enviarse grupos de exploración. Imagina a los exploradores en automóviles especiales, manejando por la base de un cañón que tiene una extensión de 2,500 millas (4,000 km). Imagina un grupo que escala un volcán y estudia el interior del cráter. Piensa en exploradores que atraviesan los casquetes de hielo en los polos del planeta. Sabemos que los casquetes de hielo contienen dióxido de carbono así como agua congelada, pero podríamos aprender más aún sobre Marte a partir de esos casquetes de hielo. Podríamos encontrar minerales interesantes o, incluso, materia que nos ayudaría a comprender cómo era Marte hace millones o miles de millones de años.

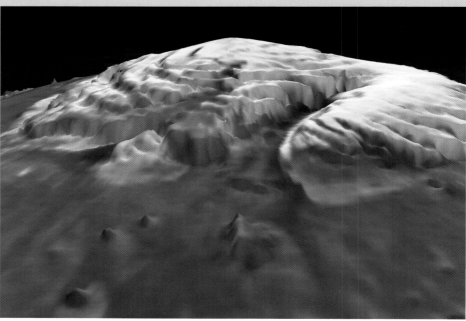

Derecha: Visualización tridimensional del polo norte marciano, elaborada por la NASA y realizada con la ayuda de datos de la nave espacial *Mars Global Surveyor* en 1998.

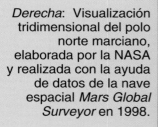

Las lunas de Marte, ¿indicio de vida en la Tierra?

Fobos y Deimos no se parecen a Marte. Marte tiene una superficie rojiza clara, pero Fobos y Deimos tienen una superficie oscura. Probablemente se deba a que las dos lunas fueron asteroides alguna vez. En ocasiones, ciertos meteoritos oscuros aterrizan en la Tierra. Tienen pequeñas cantidades de compuestos que contienen agua y carbono que, de algún modo, se parecen a los que se encuentran en los seres vivos. Probablemente sería más interesante estudiar las superficies de las lunas de Marte que estudiar Marte. Podría ayudarnos a investigar cómo comenzó la vida en la Tierra.

La concepción de un artista de los glaciares que alguna vez podrían haber avanzado muy lentamente sobre la superficie marciana. Hace tiempo, con el mismo movimiento lento e inexorable, los glaciares que se deslizaban formaron colinas y valles sobre la Tierra.

Arriba: Cuando los seres humanos aterricen en Marte, podrían explorar el interior de volcanes inactivos como éste, el Hecates Tholus Lava Tube.

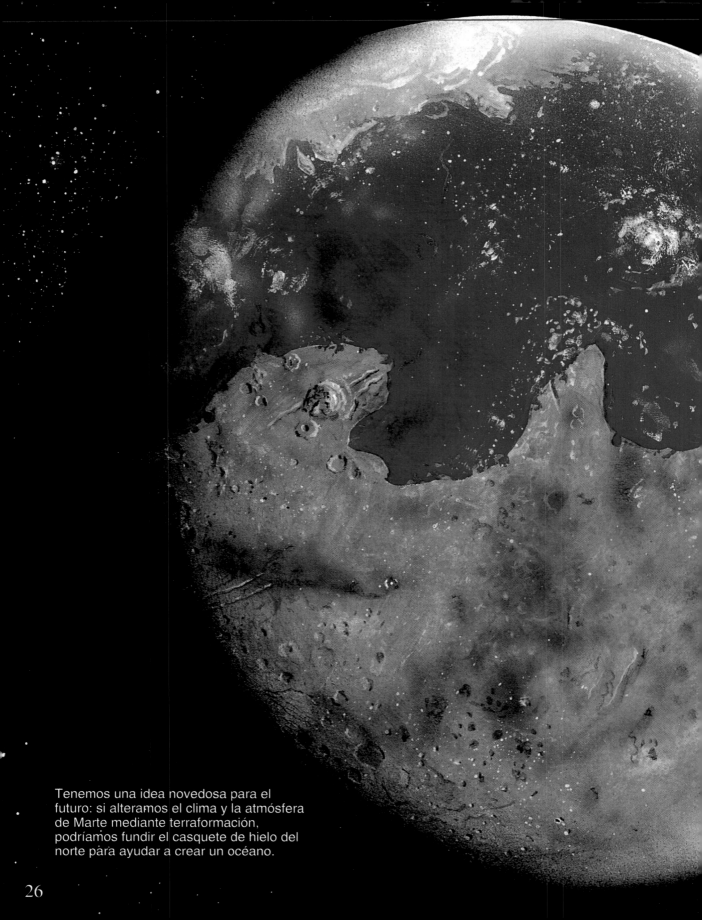

Tenemos una idea novedosa para el
futuro: si alteramos el clima y la atmósfera
de Marte mediante terraformación,
podríamos fundir el casquete de hielo del
norte para ayudar a crear un océano.

Terraformar Marte

En Marte podrían ser posibles actividades muy emocionantes. Los primeros colonos de Marte podrían ser capaces de alterar ciertas condiciones para lograr que el planeta se parezca más a la Tierra. Este proceso se llama terraformación. El agua podría obtenerse de debajo de la superficie o de los asteroides. Si se agregaran los gases correctos a la atmósfera, Marte retendría más luz solar y se volvería más cálido. En ese caso, el agua no se congelaría y se formaría un océano. Se agregaría suficiente oxígeno para que el aire se pudiera respirar. Entonces podrían llevarse a Marte muchas plantas y animales. Esto puede llevar muchos, muchos años, pero quizá Marte algún día pueda convertirse en una pequeña Tierra.

Arriba: En un Marte terraformado, los seres humanos no dependerían de dispositivos artificiales para respirar, mantenerse abrigados o frescos, o proveerse de agua. El clima terraformado sustentaría naturalmente la vida humana.

Marte

El Sol y el Sistema Solar
(*izquierda a derecha*): Mercurio,
Venus, Tierra, Marte, Júpiter,
Saturno, Urano, Neptuno, Plutón.

Dos Lunas de Marte

Nombre	Diámetro	Distancia desde el Centro de Marte
Fobos	11.4–16.7 millas (18.4–26.8 km)	5,827 millas (9,378 km)
Deimos	6.5–9.3 millas (10.4–15.0 km)	14,577 millas (23,459 km)

Marte frente a la Tierra

Planeta	Diámetro*	Período de Rotación (duración del día)	Período de Órbita alrededor del Sol (duración del año)	Lunas conocidas	Gravedad de la Superficie	Distancia del Sol (más cercana / más lejana)	Tiempo míni que tarda la en llegar a la T
Marte	4,222 millas (6,794 km)	24 horas 37 minutos	687 días (1.88 años)	2	0.38**	128–155 millones de millas (207–249 millones de km)	3 minutos
Tierra	7,927 millas (12,756 km)	23 horas, 56 minutos	365.256 días (1 año)	1	1.00**	91.3–94.4 millones de millas (147–152 millones de km)	–

* Diámetro en el ecuador.

** Multiplica tu peso por este número para averiguar cuánto pesarías en ese planeta

Arriba: Un primer plano de Marte y sus dos pequeños satélites, Fobos (*izquierda, arriba*) y Deimos (*izquierda, abajo*).

Archivo de datos: Marte al descubierto

Marte es el séptimo planeta por su tamaño (la Tierra es el quinto), el cuarto más cercano al Sol, y el primer planeta más allá de la órbita de la Tierra. También es el último del grupo de planetas «interiores», todos los que están entre el Sol y lo que se conoce como cinturón de asteroides. Más allá del cinturón de asteroides está el grupo de planetas «exteriores», que comienza con Júpiter. Como

la inclinación del eje de Marte es similar al de la Tierra, y como el día marciano tiene casi la misma duración que el nuestro, Marte tiene el mismo tipo de estaciones que la Tierra. Por supuesto, Marte está mucho más lejos del Sol que la Tierra, así que tiene un año más largo que el nuestro. Sus estaciones son mucho más largas y sus temperaturas son mucho más frías que las de la Tierra.

Más libros sobre Marte

Destination, Mars (Destino: Marte), **Seymour Simon (Morrow Junior)**

DK Space Enciclopedia (Enciclopedia DK del espacio), **Nigel Henbest y Heather Couper (DK Publishing)**

Is There Life on Mars? (¿Hay vida en Marte?), **Dennis Brindell Fradin (Simon & Schuster)**

Living on Mars: Mission to the Red Planet. (Vivir en Marte: Misión al planeta rojo), **Michael D. Cole (Enslow)**

CD-ROM y DVD

CD-ROM: *Exploring the Planets (Explorar los planetas).* **(Cinegram)**

DVD: *Mars: The Red Planet (Marte: El planeta rojo).* **(DVD Internacional)**

Sitios Web

Internet es un buen lugar para obtener más información sobre Marte. Los sitios Web que se enumeran aquí pueden ayudarte a que te enteres de los descubrimientos más recientes, así como de los que se hicieron en el pasado.

Life on Mars. www.fas.org/mars/
Mars Exploration. mars.jpl.nasa.gov/
Mars Explorer. www-pdsimage.wr.usgs.gov/PDS/public/mapmaker/
Nine Planets. www.nineplanets.org/mars.html
Views of the Solar System. www.solarviews.com/eng/mars.htm
Windows to the Universe. www.windows.ucar.edu/tour/link=/mars/mars.html

Lugares para Visitar

Estos son algunos museos y centros donde puedes encontrar una variedad de exhibiciones espaciales.

Museo Norteamericano de Historia
Central Park West at 79th Street
New York, NY 10024

Museo de Tecnología y Ciencia de Canadá
1867 St. Laurent Boulevard
Science Park
100 Queen's Park
Ottawa, Ontario K1G 5A3
Canada

Centro Espacial Henry Crown
Museum of Science and Industry
57th Street and Lake Shore Drive
Chicago, IL 60637

Museo Nacional del Aire y el Espacio
Instituto Smithsoniano
7th and Independence Avenue SW
Washington, DC 20560

Odyssium
11211 142nd Street
Edmonton, Alberta T5M 4A1
Canada

Museo Scienceworks
2 Booker Street
Spotswood
Melbourne, Victoria 3015
Australia

Glosario

asteroides: «planetas» muy pequeños. En el Sistema Solar existen cientos de miles de ellos. La mayoría describe una órbita alrededor del Sol entre Marte y Júpiter.

atmósfera: los gases que rodean un planeta, una estrella o una luna.

canal: río o vía fluvial que hacen las personas. Alguna vez se pensó que las marcas angostas y oscuras que se veían sobre Marte eran canales que construyeron los marcianos para trasladar agua desde los casquetes de hielo hasta las zonas desérticas.

casquete de hielo: cubierta de hielo permanente en uno o ambos polos de un planeta. Marte tiene casquetes de hielo en ambos polos.

cráteres: agujeros sobre los planetas y las lunas que se originan en la actividad volcánica o el impacto de meteoritos.

desierto: zona sin agua sobre la tierra. Generalmente, a Marte se le considera un planeta desértico.

dióxido de carbono: gas pesado e incoloro. Cuando los seres humanos y los animales respiran, exhalan dióxido de carbono.

eje: la línea recta imaginaria alrededor de la cual gira un planeta, una estrella o una luna.

gravedad: la fuerza que hace que los objetos celestes se atraigan entre sí.

Hubble, Telescopio espacial: satélite artificial que contiene un telescopio y otros instrumentos relacionados y que fue puesto en la órbita de la Tierra en 1990.

luna: cuerpo pequeño que está en el espacio y que se mueve en órbita alrededor de un cuerpo más grande. Se dice que una luna es un satélite de un cuerpo más grande. Marte tiene dos lunas.

Marte: el antiguo dios romano de la guerra y el nombre de un planeta del Sistema Solar.

masa: la cantidad, o el total, de materia de un objeto.

meteorito: meteoroide cuando choca contra el suelo.

meteoroide: trozo de roca o de metal que va a la deriva por el espacio. Los meteoroides pueden ser tan grandes como asteroides pequeños, o pueden ser tan pequeños como motas de polvo.

NASA: la Nacional Aeronautics and Space Administration (Administración Nacional de Aeronáutica y el Espacio). La agencia espacial gubernamental de Estados Unidos.

Olympus Mons: gran volcán extinguido de Marte.

planeta rojo: nombre que se utiliza a veces para referirse a Marte.

planeta: uno de los cuerpos que gira alrededor del Sol. La Tierra y Marte son planetas.

Sistema Solar: el Sol junto con los planetas y demás cuerpos, como los asteroides, que giran alrededor de él.

Sol: nuestra estrella y el proveedor de la energía que hace posible la vida sobre la Tierra

terraformación: forma de hacer que un planeta sea apto para la vida humana.

Valles Marineris: enorme cañón en Marte.

Viking 1 y 2: sondas, tienen un orbitador y un módulo de aterrizaje cada una, y descendieron en Marte.

Índice

Nacido en 1920, Isaac Asimov llegó a Estados Unidos, de su Rusia natal, siendo niño. De joven estudió bioquímica. Con el tiempo se transformó en uno de los escritores más productivos que el mundo haya conocido jamás. Sus libros abarcan una variedad de temas que incluyen ciencia, historia, teoría del lenguaje, literatura fantástica y ciencia ficción. Su brillante imaginación le hizo ganar el respeto y la admiración de adultos y niños por igual. Lamentablemente, Isaac Asimov murió poco después de la publicación de la primera edición de *La biblioteca del universo de Isaac Asimov.*

Los editores expresan su agradecimiento a quienes autorizaron la reproducción de material registrado: portada, 3, NASA y el Hubble Heritage Team (STScI/AURA); 4, Relevamiento Geológico de Estados Unidos; 5, NASA/JPL; 6, Laboratorio de Propulsión a Chorro; 7 (ambos), Observatorio Lowell; 8-9, NASA; 9, Laboratorio de Propulsión a Chorro; 10, NASA; 11 (grande), © John Foster 1988; 11 (recuadro), 12 (superior), Relevamiento Geológico de Estados Unidos; 12 (inferior), © John Waite 1987; 13, 14, NASA; 15 (superior), Centro Nacional de Datos de Ciencia Espacial; 15 (inferior), 16 (grande), NASA; 16 (recuadro), Laboratorio de Propulsión a Chorro; 17, © Michael Carroll 1987; 18, Centro Nacional de Datos de Ciencia Espacial; 18-19, 19 (superior), NASA/JPL; 19 (inferior), Centro Nacional de Datos de Ciencia Espacial; 21 (ambos), NASA; 22 (grande), © MariLynn Flynn 1985; 22 (recuadro), © Paul Dimare 1985; 23, © Ron Miller 1987; 24, NASA; 25 (izquierda), © Michael Carroll 1987; 25 (derecha), © MariLynn Flynn 1987; 26, © Michael Carroll 1985; 27, © Julian Baum 1988; 28-29 (todos), © Sally Bensusen 1987.